Frédéric Chopin

Chopin - Album

A collection of 32 favorite compositions

Frédéric Chopin

Chopin - Album

A collection of 32 favorite compositions

ISBN/EAN: 9783956980916

Auflage: 1

Erscheinungsjahr: 2015

Erscheinungsort: Norderstedt, Deutschland

Hergestellt in Europa, USA, Kanada, Australien, Japan
Europäischer Musikverlag in Hansebooks GmbH, Norderstedt

Contents.

Waltz Op. 18 E♭ major	Page 3
——— Op. 34 N̊ 1 A♭ major	" 12
——— Op. 34 N̊ 2 A minor	" 21
——— Op. 42 A♭ major	" 26
——— Op. 64 N̊ 1 D♭ major	" 36
——— Op. 64 N̊ 2 C♯ minor	" 40
——— Posthumous, E minor	" 46
Mazurka Op. 7 N̊ 1 B♭ major	" 50
——— Op. 7 N̊ 2 A minor	" 52
——— Op. 33 N̊ 1 G♯ minor	" 54
——— Op. 33 N̊ 3 C major	" 56
——— Op. 33 N̊ 4 B minor	" 58
Polonaise Op. 40 N̊ 1 A major	" 64
——— Op. 26 N̊ 1 C♯ minor	" 71
Nocturne Op. 9 N̊ 2 E♭ major	" 77
——— Op. 15 N̊ 2 F♯ major	" 80
——— Op. 15 N̊ 3 G minor	" 84
——— Op. 27 N̊ 2 D♭ major	" 88
——— Op. 32 N̊ 1 B major	" 93
——— Op. 37 N̊ 1 G minor	" 97
——— Op. 37 N̊ 2 G major	" 101
Ballade Op. 47 A♭ major	" 107
——— Op. 23 G minor	" 121
Impromptu Op. 29 A♭ major	" 136
Study Op. 25 N̊ 7 C♯ minor	" 143
——— Op. 25 N̊ 9 G♭ major	" 147
——— Op. 25 N̊ 1 A♭ major	" 149
Prelude Op. 28 N̊ 15 D♭ major	" 154
Scherzo Op. 31 N̊ B♭ minor	" 157
Fantasy - Impromptu Op. 66 C♯ minor	" 181
Berceuse *(Lullaby)* Op. 57 D♭ major	" 190
Funeral March, from Op. 35	" 196

À Laura Harsford

Grande Valse brillante

Revised and fingered by Rafael Joseffy

F. Chopin. Op. 18

À Mademoiselle de Thun-Hohenstein

Valse brillante

Revised and fingered by
Rafael Joseffy

F. Chopin. Op. 34, No. 1

Vivace

Valse brillante

À Madame G. d'Ivry

Revised and fingered by Rafael Joseffy

F. Chopin. Op. 34, No. 2

Valse

Revised and fingered by
Rafael Joseffy

F. Chopin. Op. 42

Revised and fingered by
Rafael Joseffy

A Madame la Comtesse Delphine Potocka

Valse

F. Chopin. Op. 64, No. 1

Mazurka

Revised and fingered by
Rafael Joseffy

F. Chopin. Op. 33, No. 3

Deux Polonaises.

à M.r J. FONTANA. F. CHOPIN. Op. 40, N.º 1.

65

Deux Polonaises.

F. CHOPIN. Op. 26, No 1.

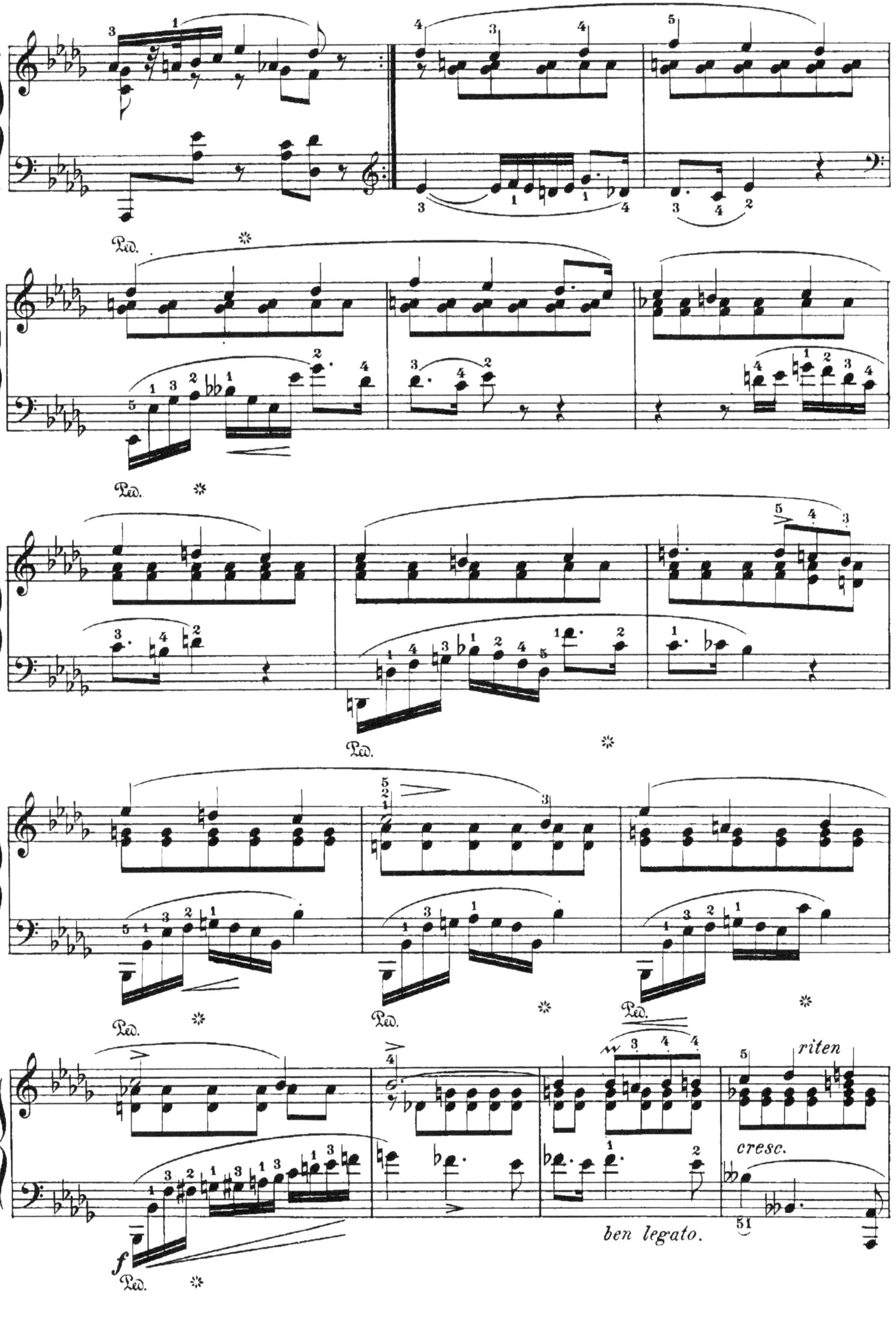
Ped.
f
riten
cresc.
ben legato.

à Mr Ferdinand Hiller

Nocturne

Edited and fingered by
Rafael Joseffy

F. Chopin. Op. 15, N°. 2

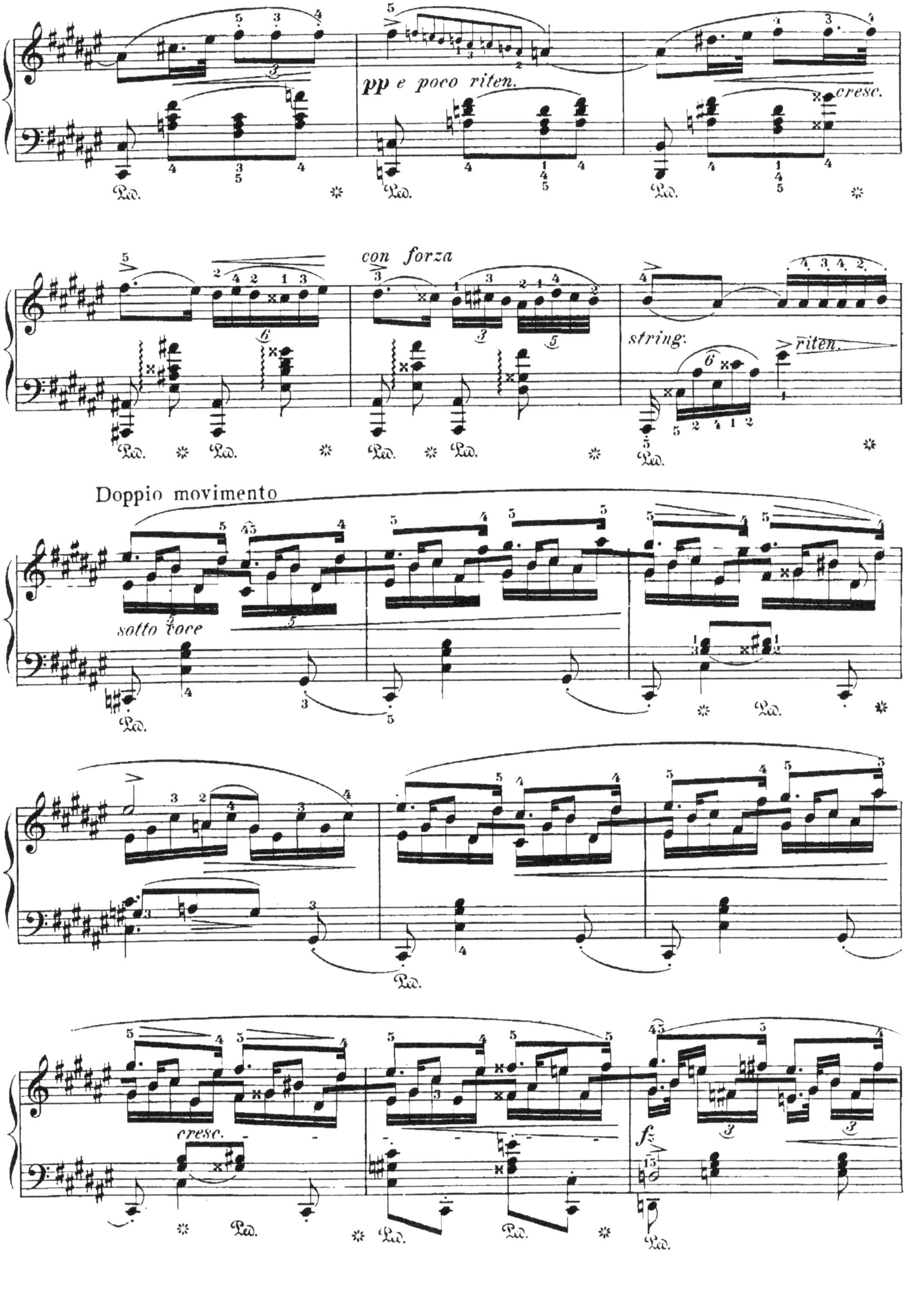
pp e poco riten.
cresc.
con forza
string.
riten.
Doppio movimento
sotto voce
cresc.
f

à Mr Ferdinand Hiller

Nocturne

Edited and fingered by
Rafael Joseffy

F. Chopin. Op. 15, N.º 3

Edited and fingered by
Rafael Joseffy

à Mme la Comtesse d'Appony

Nocturne

F. Chopin. Op. 27, N.º 2

Nocturne

à M.me la Baronne de Billing, née de Courbonne

Edited and fingered by Rafael Joseffy

F. Chopin. Op. 32, N.º 1

Nocturne

Edited and fingered by Rafael Joseffy

F. Chopin. Op. 37, No. 1

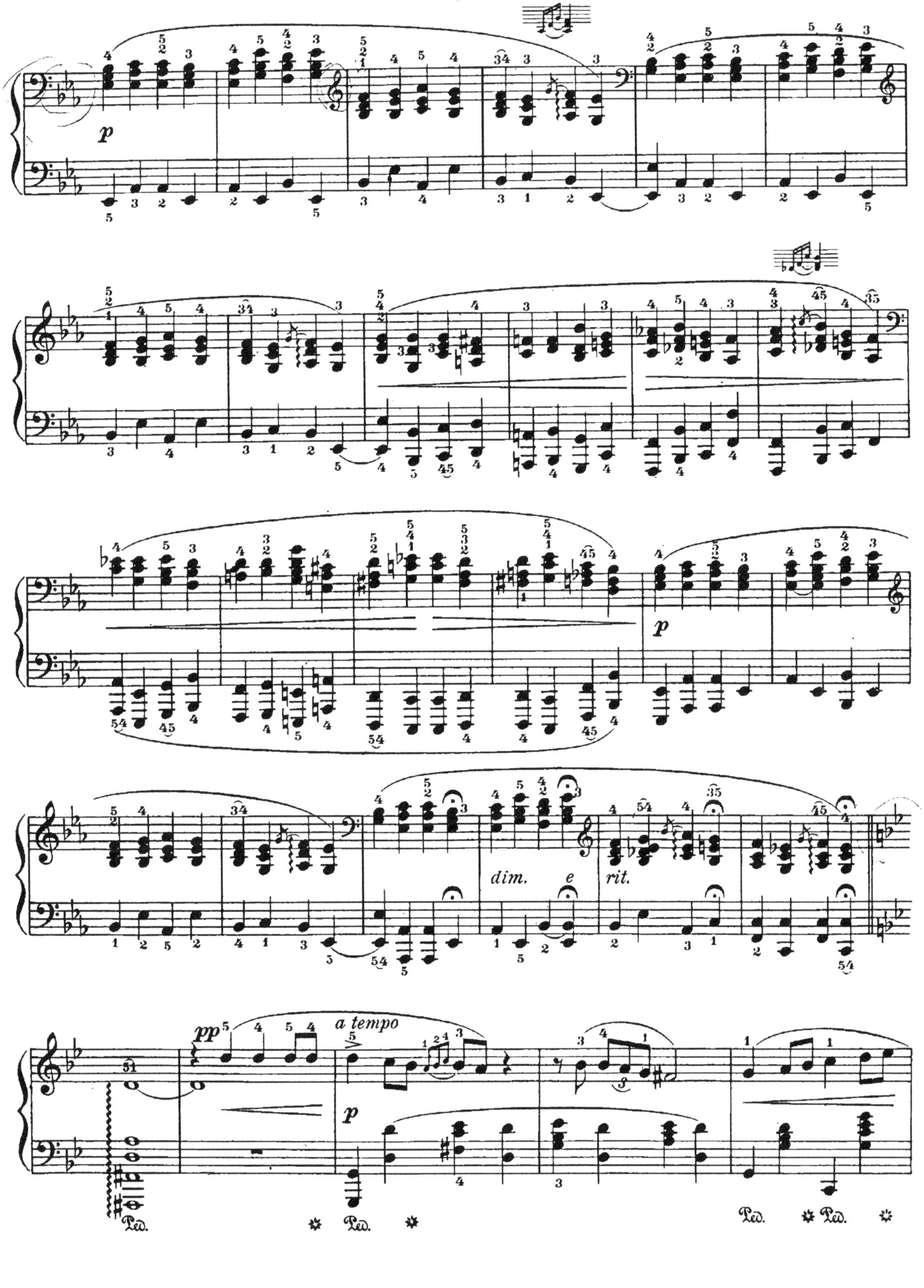

99

Nocturne

Edited and fingered by Rafael Joseffy

F. Chopin. Op. 37, No. 2

Andantino

*) Dieser Takt ist in der Klindworth Ausgabe weggelassen.

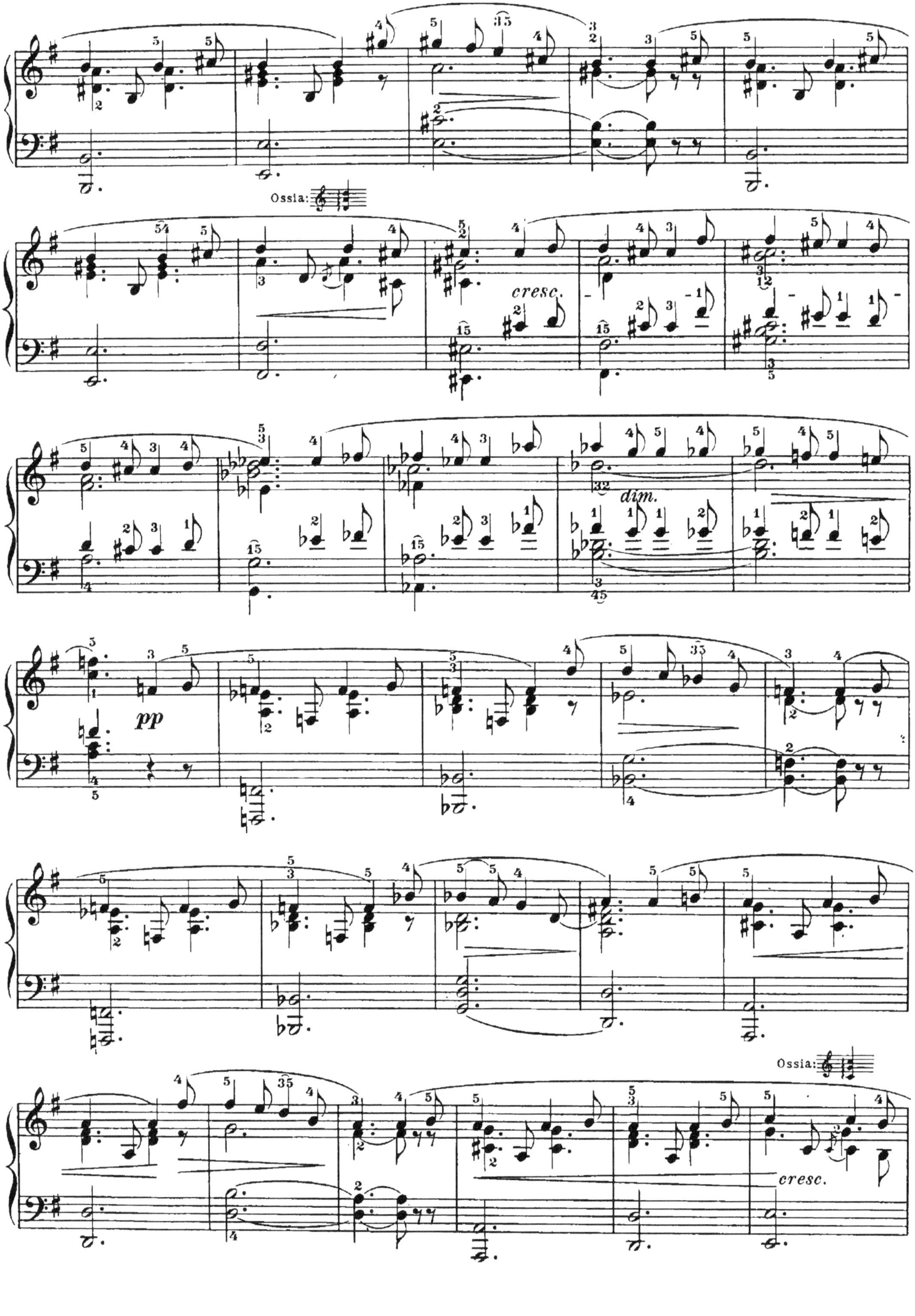
Ossia:
cresc.
dim.
pp
Ossia:
cresc.

f
sempre legato
mf
p
legato
dim.
p sostenuto

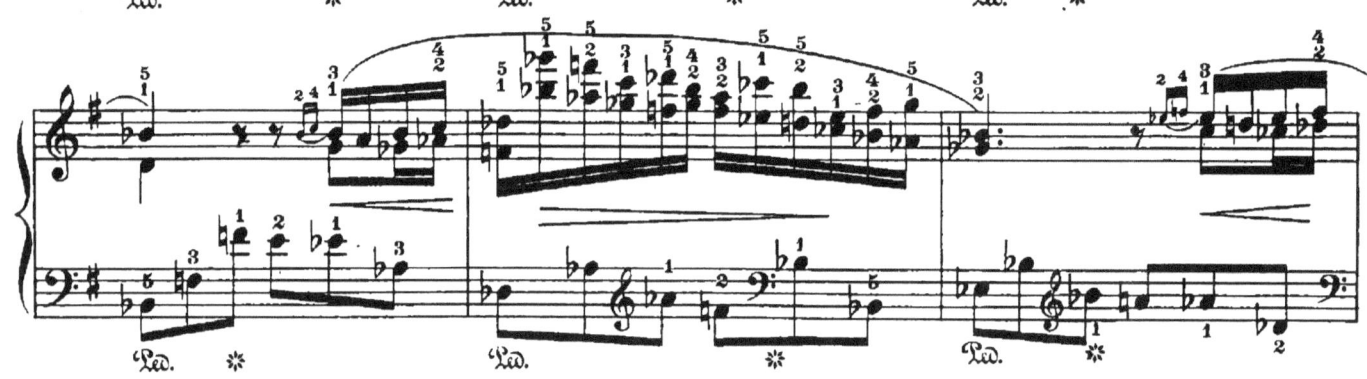

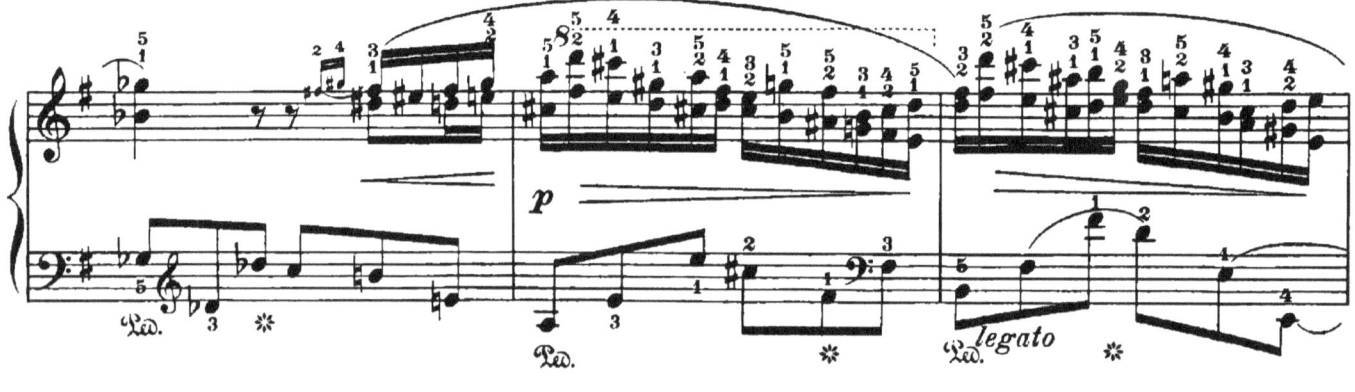

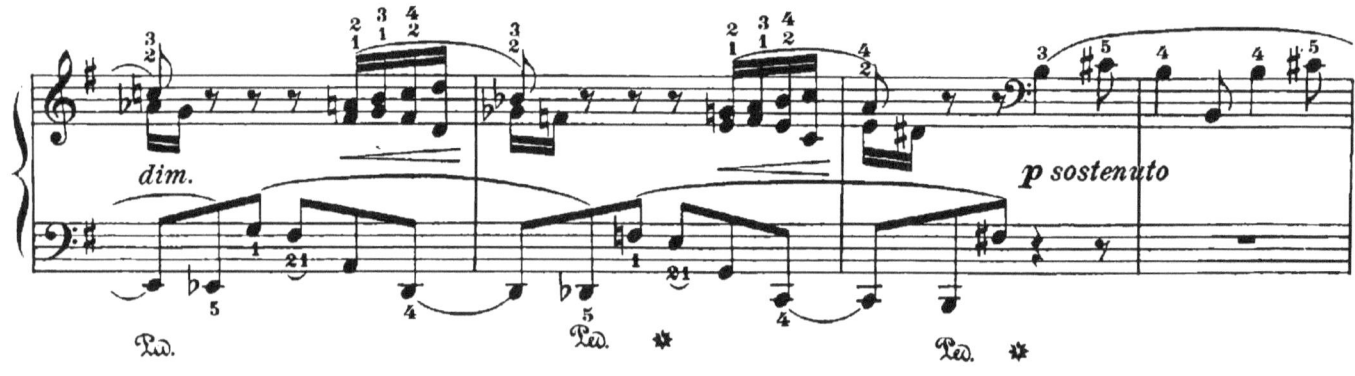

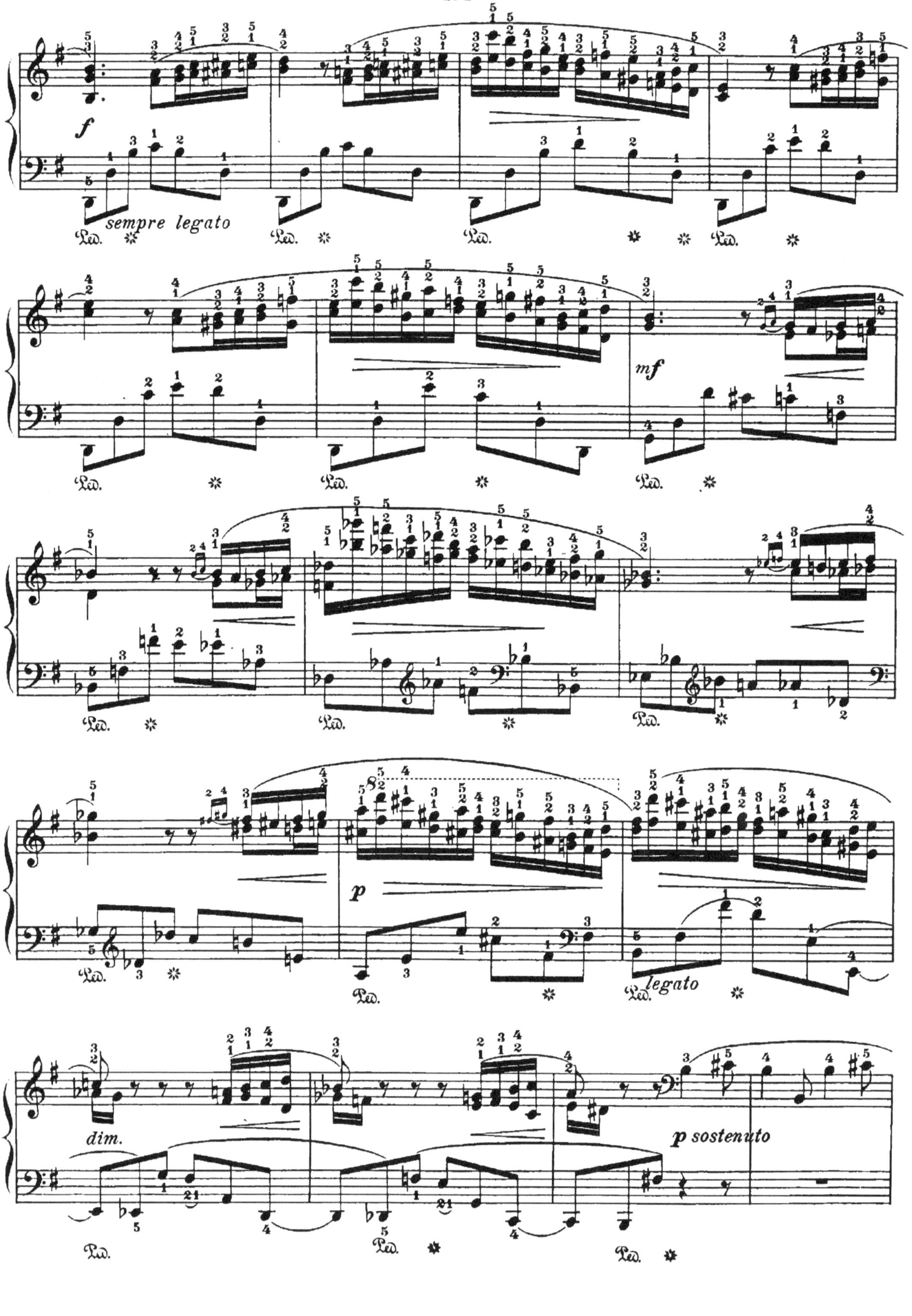

à Mlle de Noailles

Troisième Ballade

Revised, edited and fingered by
Rafael Joseffy

F. Chopin. Op. 47

* In the Kullak Edition:
* In der Kullak-Ausgabe:

Première Ballade

à Mr. le Baron de Stockhausen

Revised, edited and fingered by
Rafael Joseffy

F. Chopin. Op. 23

* In some editions:
In manchen Ausgaben:

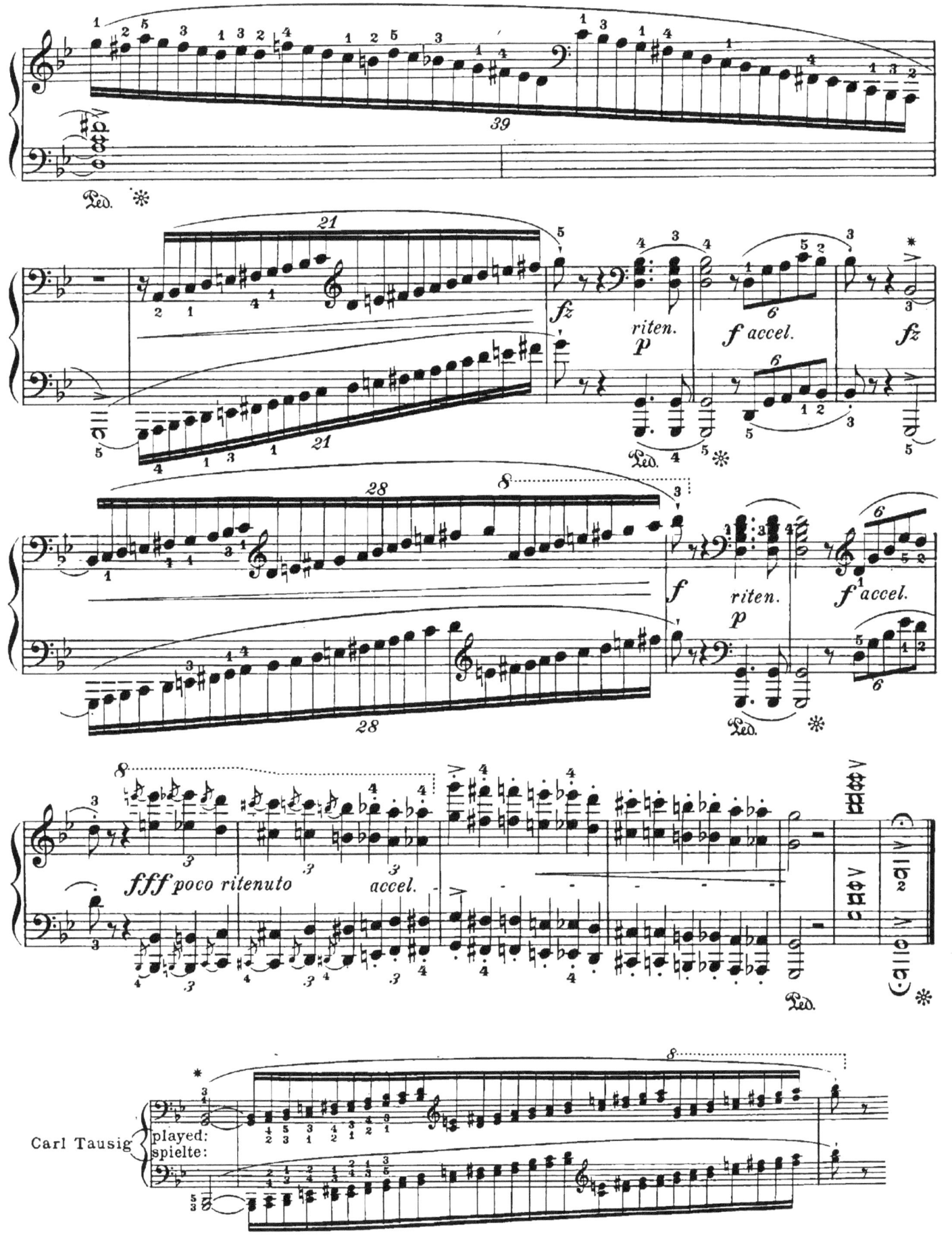

Impromptus
I

Revised, edited and fingered by Rafael Joseffy

à Mlle la Comtesse de Lobau

F. Chopin. Op. 29

Allegro assai, quasi presto

Étude

Revised and fingered by
Arthur Friedheim

F. CHOPIN. Op. 25, No. 7

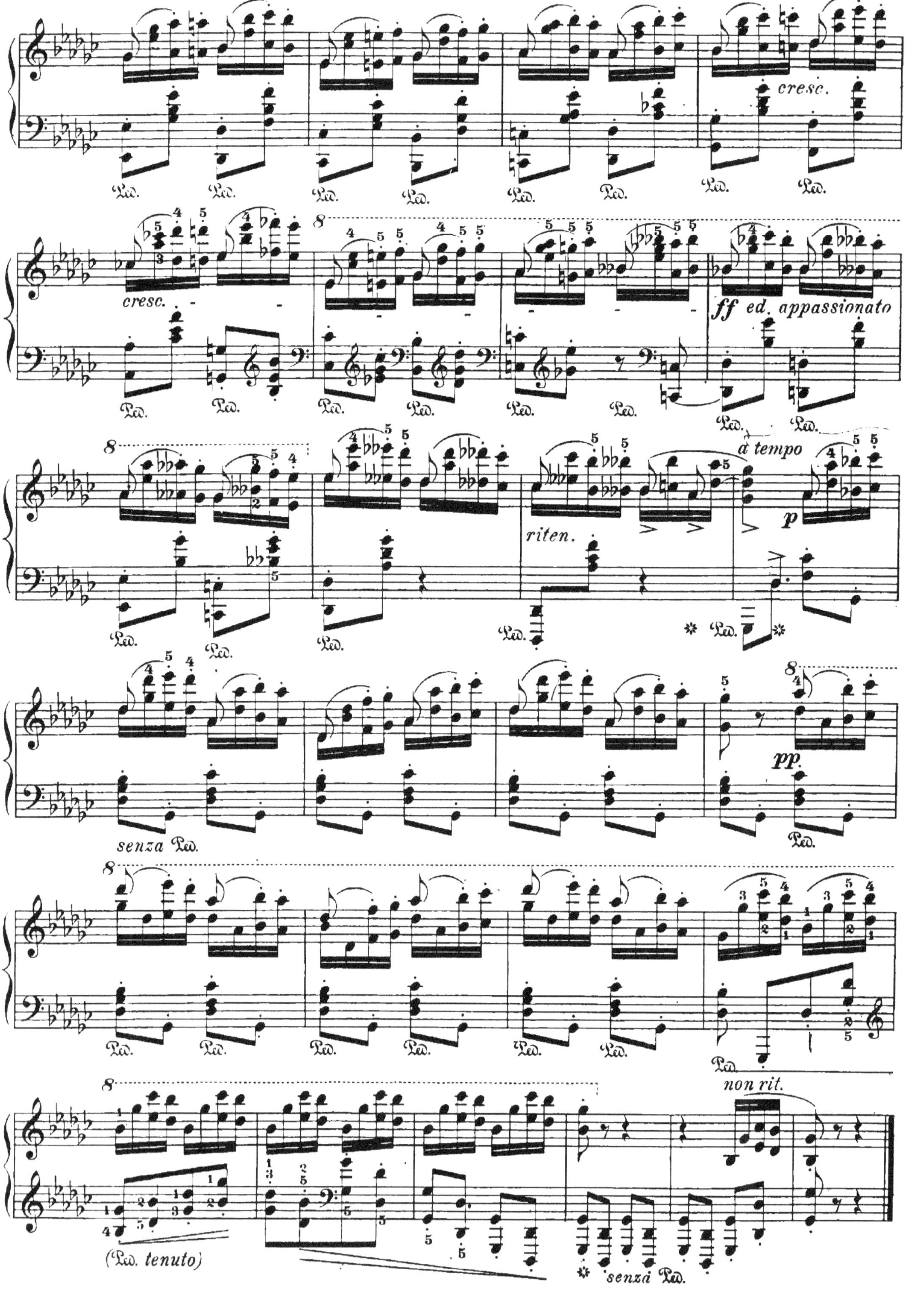
cresc.
cresc.
ff ed. appassionato
a tempo
riten.
p
senza Ped.
pp
non rit.
(Ped. tenuto)
senza Ped.

Douze Études

à Mme la Comtesse d'Agoult

Revised and fingered by Arthur Friedheim

F. CHOPIN. Op. 25, No. 1

Prélude

Edited and fingered by Rafael Joseffy

F. Chopin. Op. 28, No. 15

Sostenuto

à Mlle. la Comtesse de Fürstenstein

Scherzo

Edited and fingered by
Rafael Joseffy

F. Chopin. Op. 31

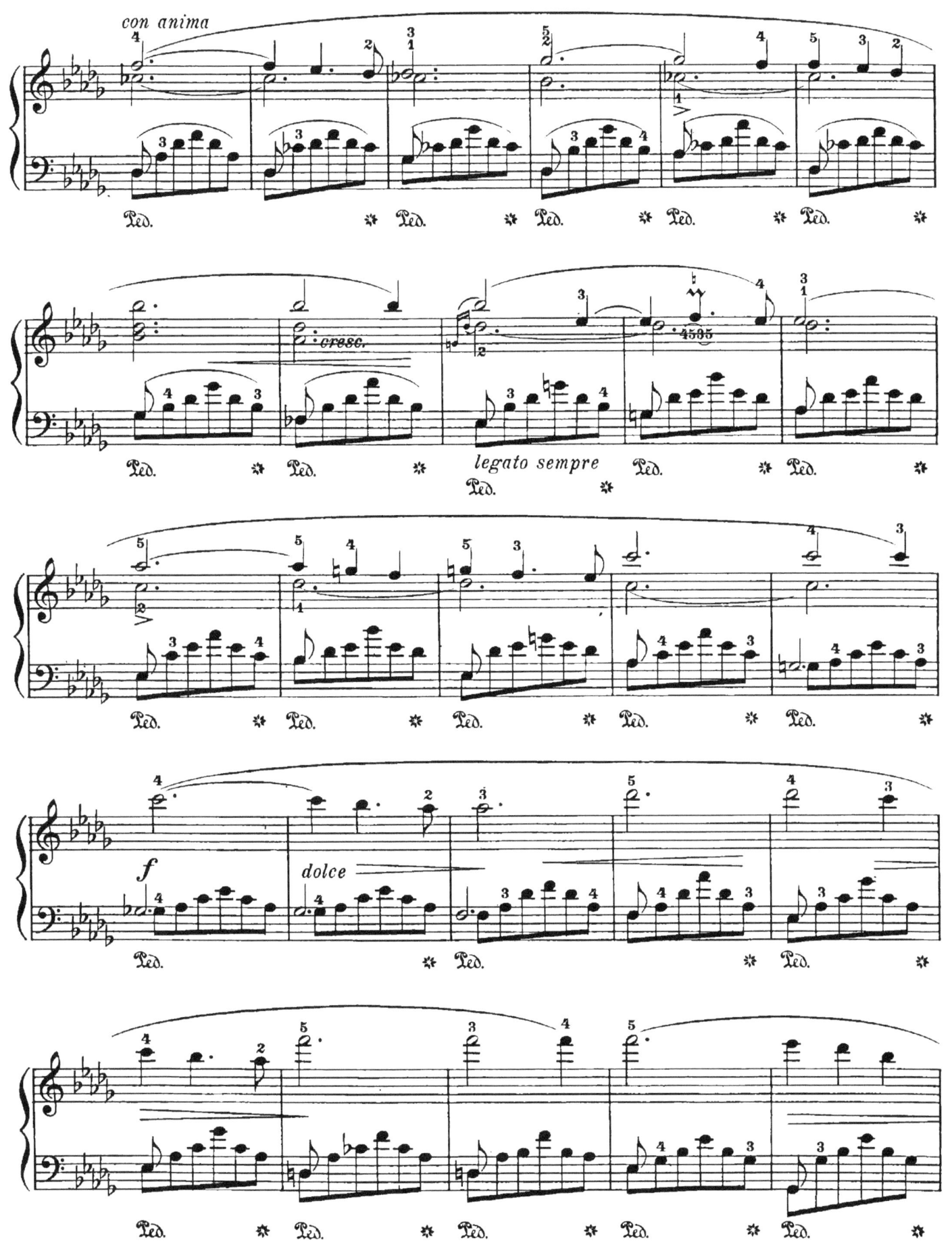

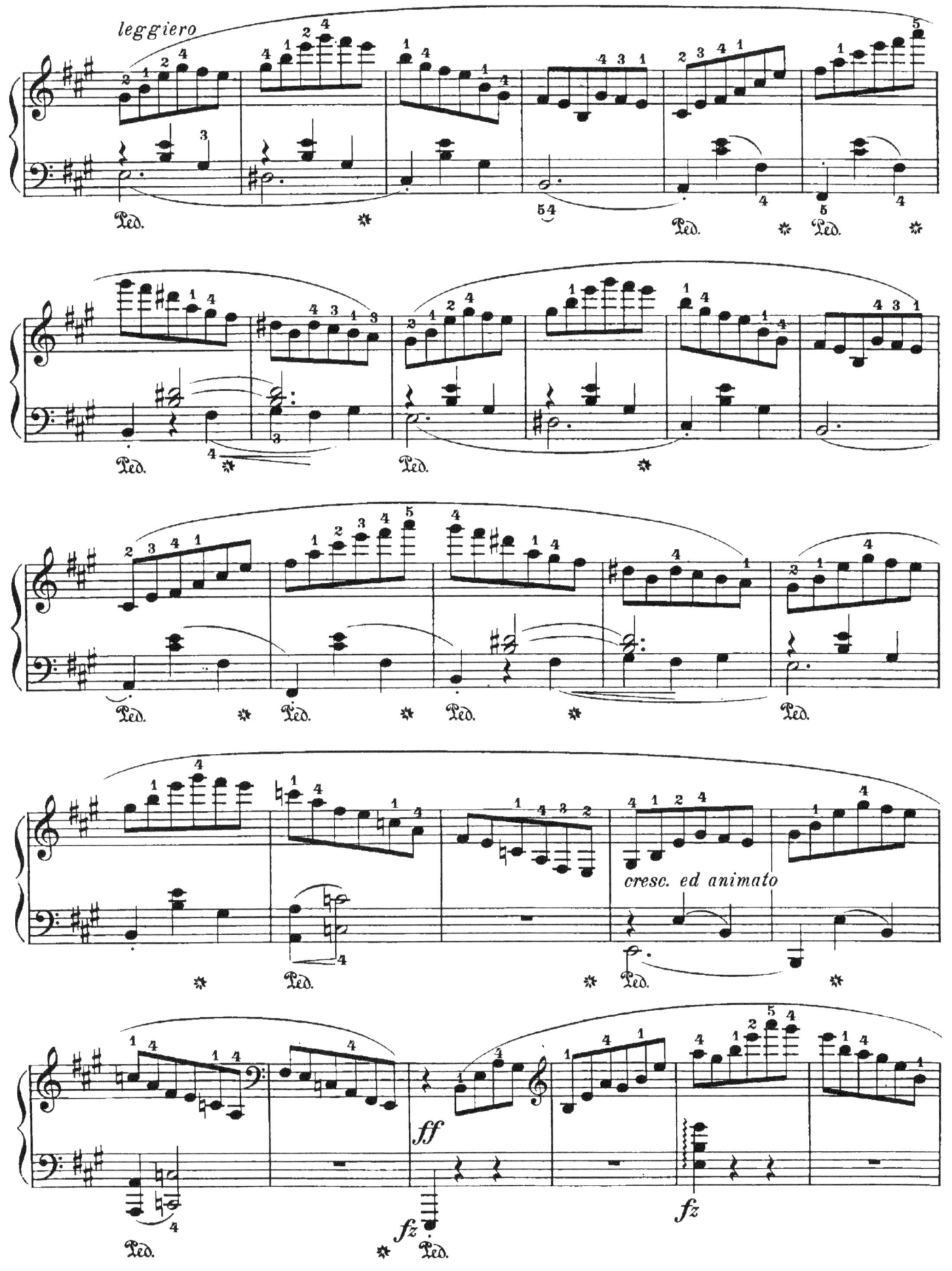

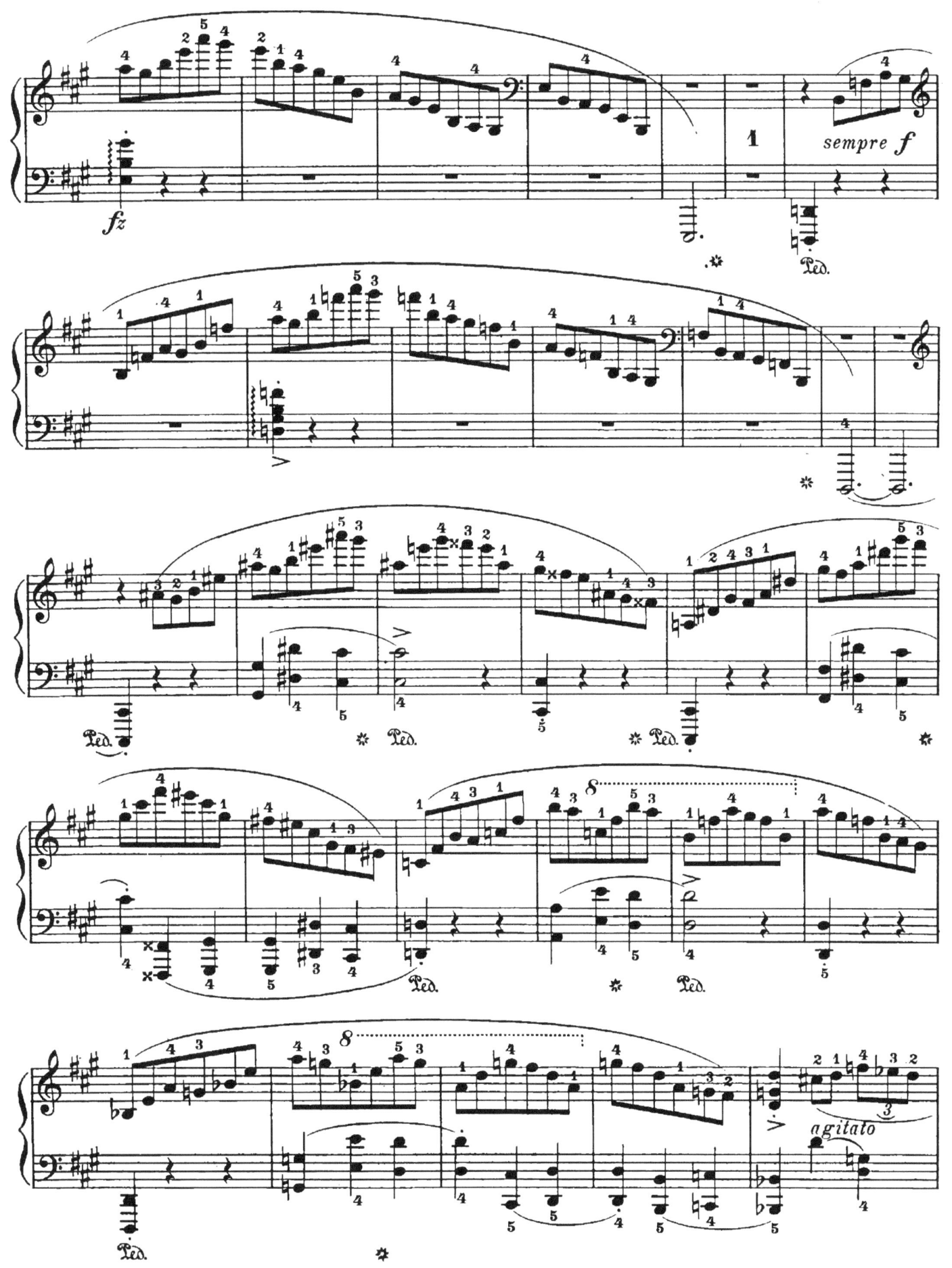

172

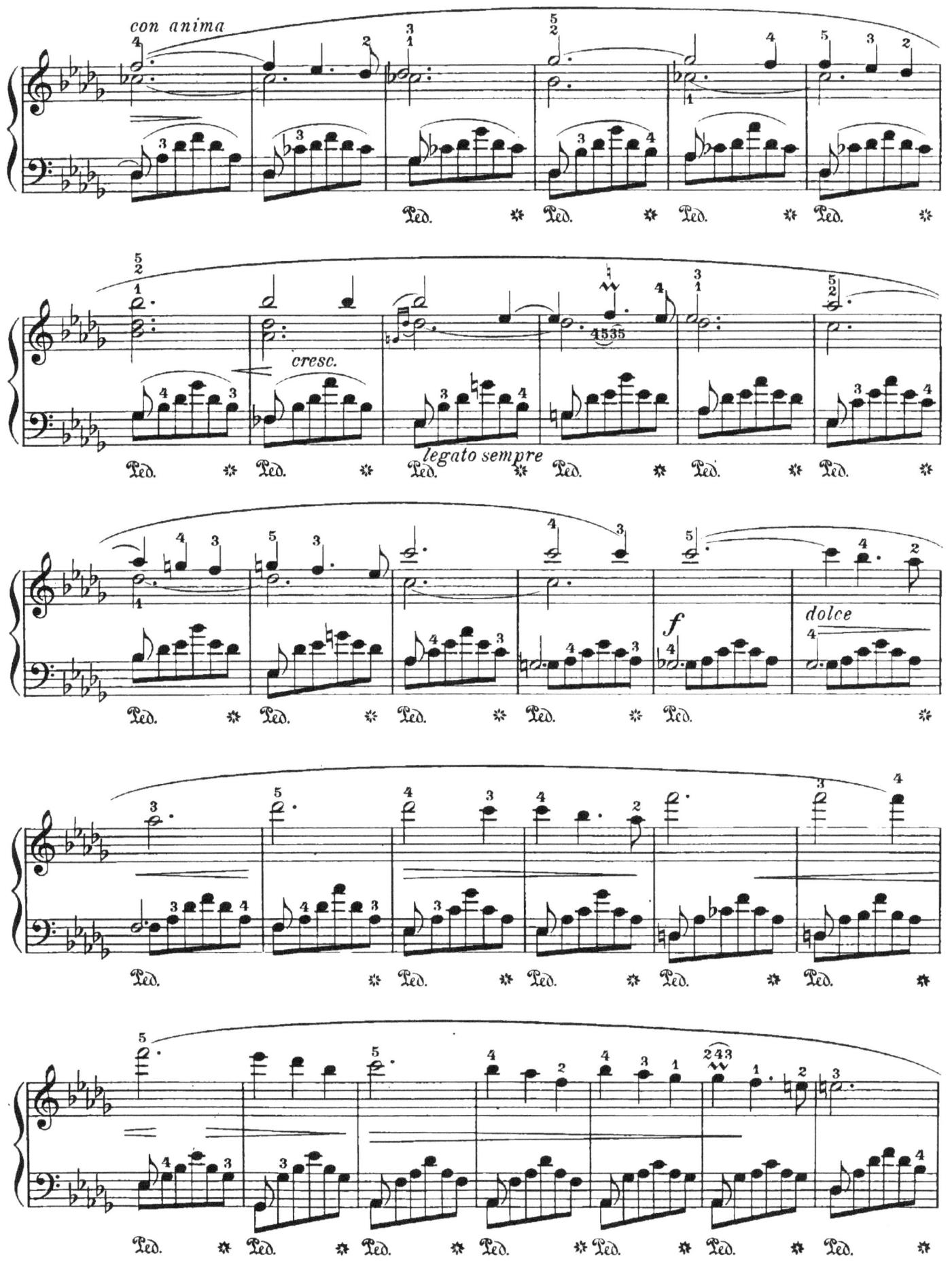

185

à Mlle Élise Gavard

Berceuse

Revised and fingered by
Rafael Joseffy

F. Chopin. Op. 57

Andante

p

dolce

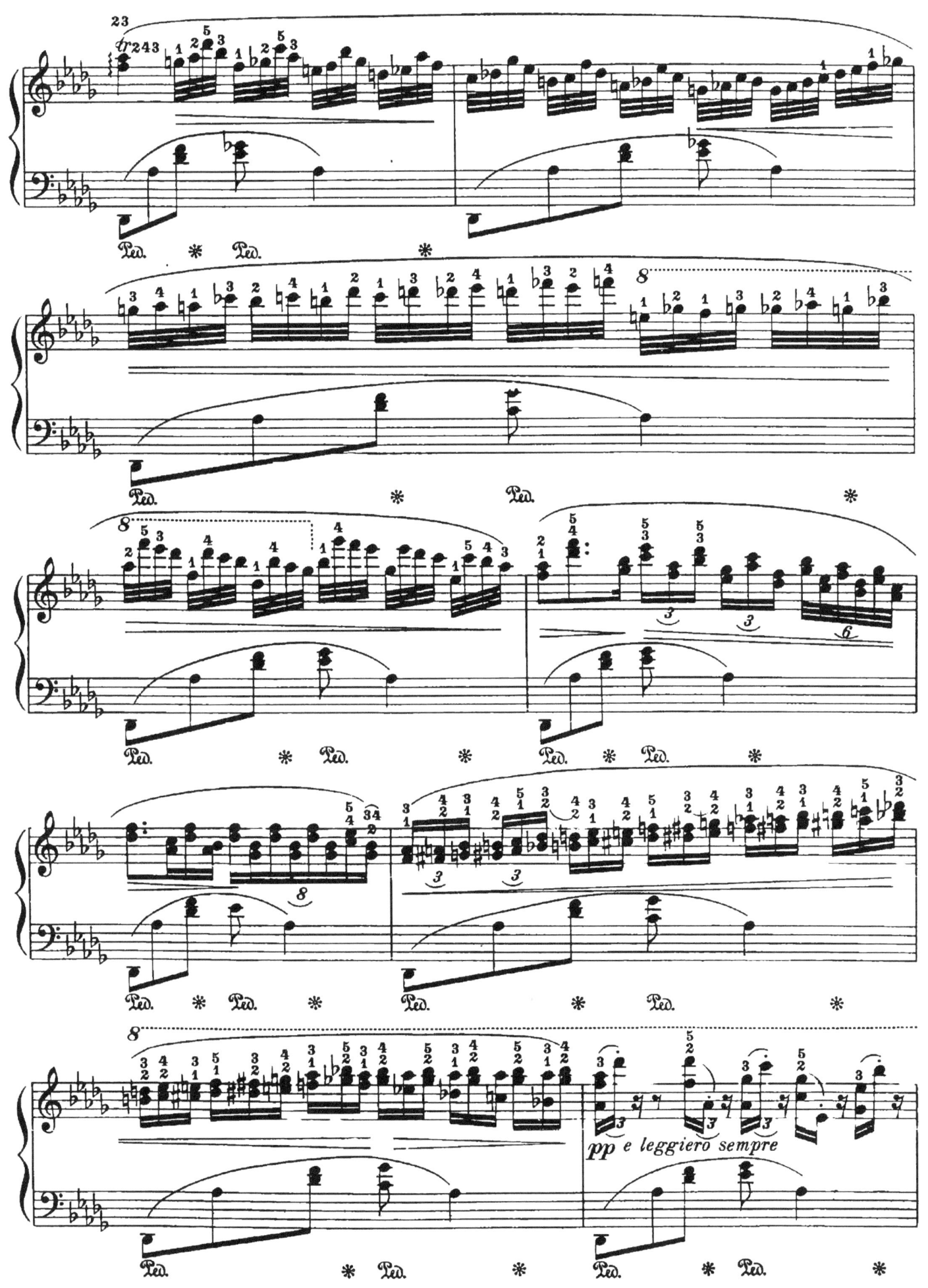

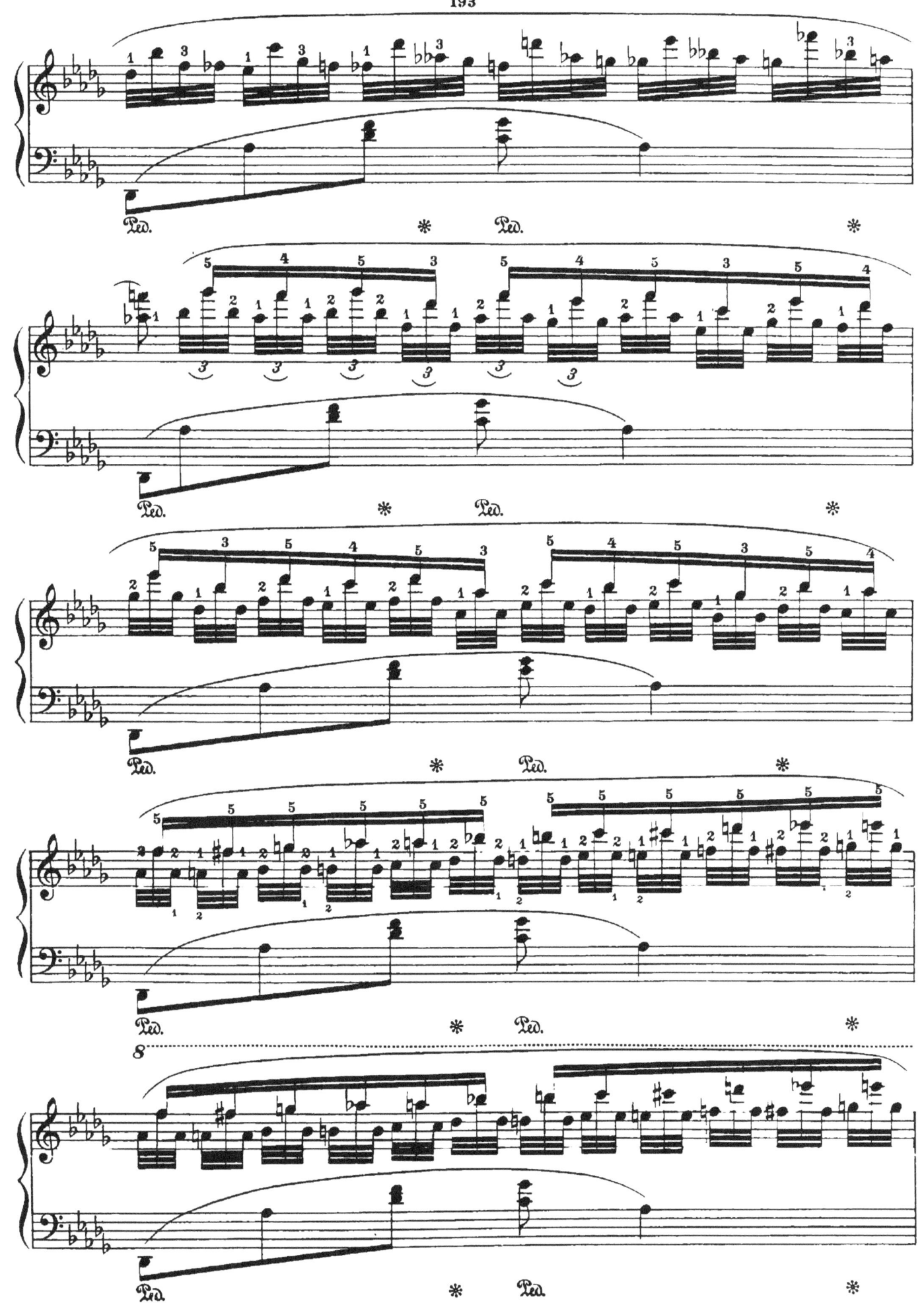

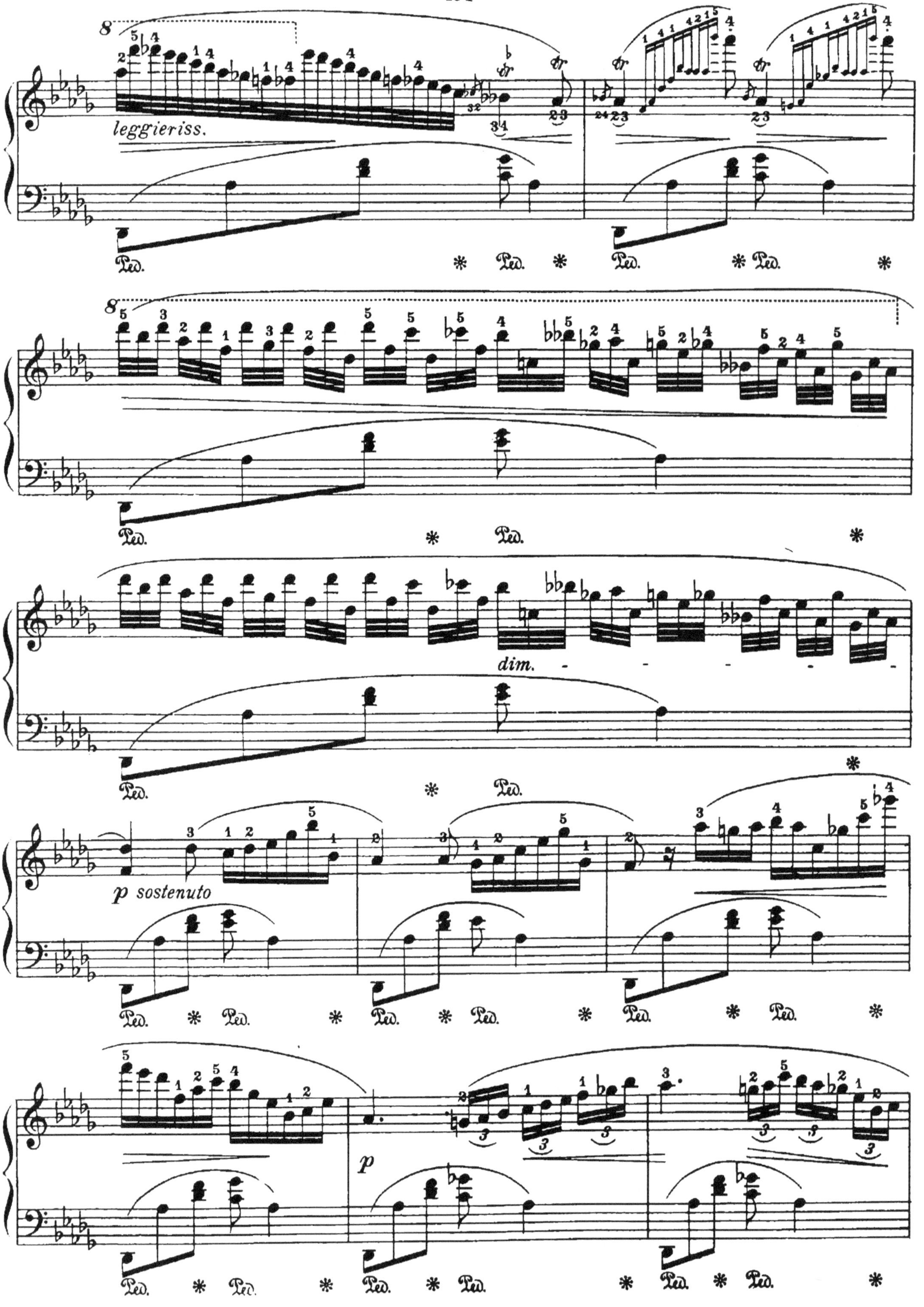
leggieriss.
dim.
p sostenuto
p
Ped.

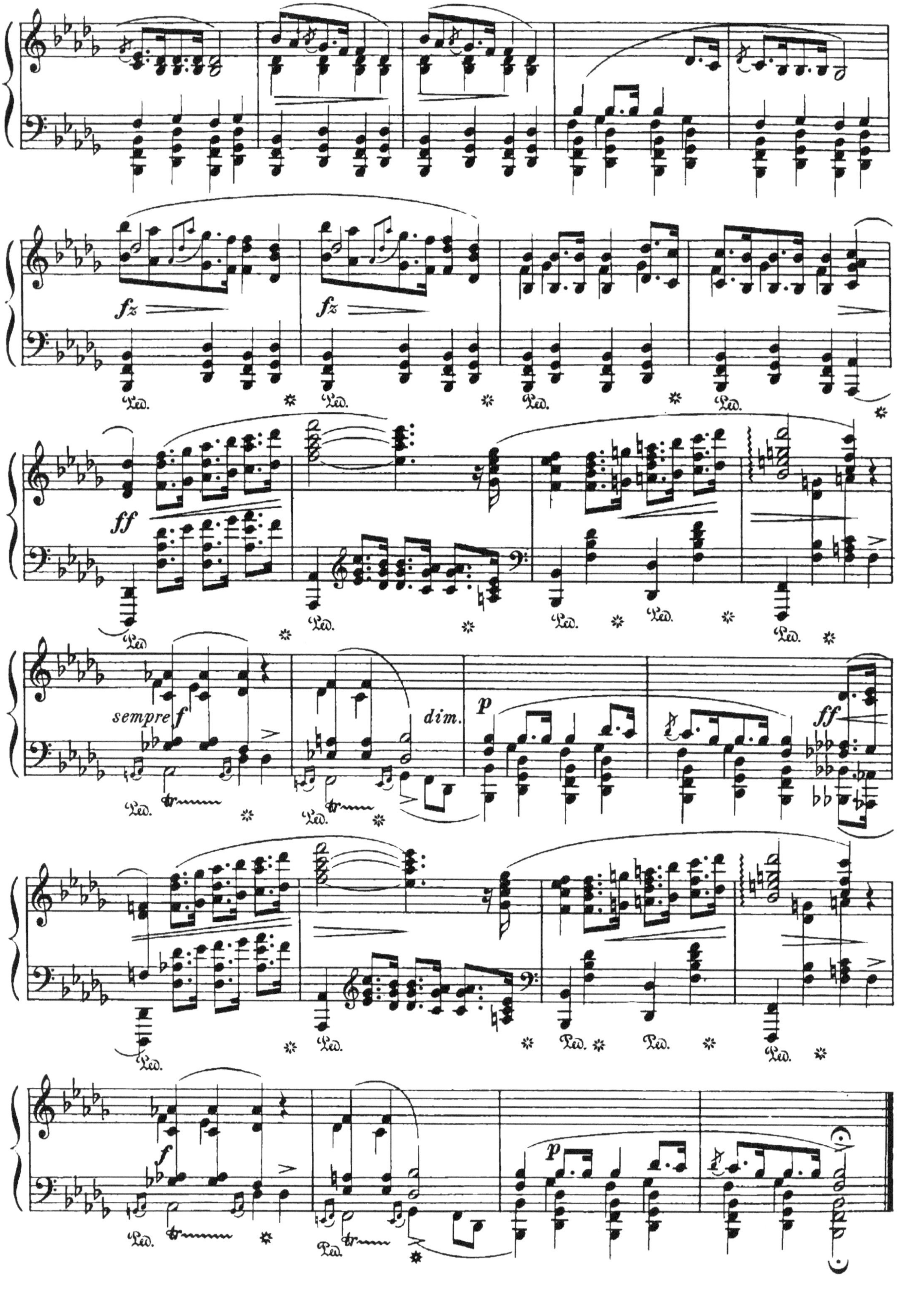
fz
fz
ff
sempre f
dim.
p
ff
f
p

www.ingramcontent.com/pod-product-compliance
Lightning Source LLC
Chambersburg PA
CBHW081330230426
43667CB00018B/2890